Sina Nuêmo

Psychologische Horoskopanalyse

Sina Nuêmo

Psychologische Horoskopanalyse

zwischen Realismus und Phantasie

Goldene Rakete Verlag für Belletristik

Imprint
Any brand names and product names mentioned in this book are subject to trademark, brand or patent protection and are trademarks or registered trademarks of their respective holders. The use of brand names, product names, common names, trade names, product descriptions etc. even without a particular marking in this work is in no way to be construed to mean that such names may be regarded as unrestricted in respect of trademark and brand protection legislation and could thus be used by anyone.

Cover image: www.ingimage.com

Publisher:
Goldene Rakete Verlag für Belletristik
is a trademark of
International Book Market Service Ltd., member of OmniScriptum Publishing Group
17 Meldrum Street, Beau Bassin 71504, Mauritius

Printed at: see last page
ISBN: 978-620-2-44438-5

Inhaltsverzeichnis[1]:

[1] Vgl. Kinderhoroskop, Astrologische Deutung und Text Liz Green, Astrodienst AG, Version 2.30.

I. Ihr Psychologischer Typus:

1. Die starken Seiten einer erdverbundenen Natur:

Ihr Wesen ist von Grund auf praktisch und Sie stehen auf sehr gutem Fuß mit dem, was wir die Wirklichkeit nennen. Und doch sind Sie oft in einem Konflikt gefangen zwischen Ihrem Realismus und dem Bedürfnis, Ihre Phantasie zum Ausdruck zu bringen und einen tieferen Sinn zu finden, der Ihre Mühe rechtfertigen könnte. Sie besitzen die Gabe, das Beste aus Ihren Anlagen zu machen, ohne Energie zu verschwenden und darüber zu phantasieren, wie es sein könnte, wenn nur die Welt anders wäre. Sie sind eine Macherin und wissen, wie man Träume in die Wirklichkeit umsetzt, und Sie haben außerdem ein großes Maß an Geduld und gesundem Menschenverstand. Aber gelegentlich werden Sie gequält von dem vagen Gefühl, dass Ihnen irgendwie etwas entgeht. Sie können warten, bis die Dinge reif sind, und Sie sind harter Arbeit nicht abgeneigt, aber Sie sind auch gespalten durch das heimliche romantische Verlangen, das häufig durch Ihr verantwortungsbewusstes Auftreten hindurch scheint. Vermutlich wissen Sie nicht genau, was Sie eigentlich sind – ob eine sture Realistin oder eine romantische Seele, die eine traumhafte oder mystische Dimension im Leben such. Sie haben die Gabe, sinnliche Dinge zu schätzen. Das kommt vielleicht in einer reichen und ungehemmten Sinnlichkeit zum Ausdruck, oder in der Anerkennung von Schönheit in jeder Form. Ihr Geschmack neigt zum Konservativen und ist immer makellos, und Sie schätzen Qualität und gute handwerkliche Arbeit. Sie sind sehr wohl dazu in der Lage, Ihren Schönheitssinn durch eigene schöpferische Kräfte zum Ausdruck zu bringen, aber an diesem Punkt sind Sie in einem für Sie typischen Dilemma gefangen. Sie können sich nicht entscheiden, ob Sie Ihre

Energie darauf verwenden sollen, materielle Sicherheit aufzubauen, die Ihnen viel bedeutet, oder ob Sie Ihren Träumen nachgehen sollen, die vielleicht keinen unmittelbaren finanziellen Gewinn bedeuten. Sie haben ein starkes Gefühl von Verantwortungsbewusstsein und sind meist zuverlässig und vertrauenswürdig. Wenn Sie sagen, dass Sie etwas tun werden, tun Sie es auch. Sie sind nur schwer zu täuschen, da Sie auf Details achten und Ihnen kaum etwas entgeht. Aber irgendwo steckt in Ihnen ein fröhliches, verantwortungsloses Kind, das ständig gegen die vernünftige Erwachsene ankämpft, zu der Sie geworden sind. Manchmal überkommt Sie vielleicht das Verlangen, alles, was Sie gerade tun, fallenzulassen und das Kind zu werden, das Sie nie wirklich sein durften, auch nicht in Ihrer Kindheit.

2. Praktische Begabung ist den Flügen der Phantasie abgeneigt:

Ihre Schwierigkeit liegt in Ihrer Einstellung zur inneren Welt. Es mangelt Ihnen keineswegs an Phantasie oder Intuition; trotzdem neigen Sie dazu, diese Bereiche zu unterschätzen und leicht exzentrische oder künstlerische Menschen zu verachten – obwohl Sie sie insgeheim vielleicht auch beneiden. Es fällt Ihnen schwer, dem geheimnisvollen Wirken Ihres inneren Selbst zu vertrauen, weil Sie etwas zu stark an konventionelle Vorstellungen gebunden sind, was denn normales und reifes Verhalten darstellt. Ihr Pragmatismus ist Ihre große Stärke, aber Sie benützen ihn auch als Schutz gegen Kräfte in sich selbst, die Sie nicht verstehen. Der Versuch, Ihre phantasievolle und romantische Seite zu ersticken, wird Sie nicht wirklich erfüllen, denn dann laufen Sie Gefahr, sich totzuarbeiten. Letztendlich sammelt sich dabei wenig mehr als materielle Güter und ein tiefes Gefühl von Frustration an, weil der wirkliche Sinn des Lebens Ihnen irgendwie entgangen ist. Vielleicht müssten Sie den Mut aufbringen, die verborgene künstlerische und romantische Seele in Ihnen mehr auszuleben. Die Welt des Unbewussten mit ihren seltsamen Phantasien, Bildern und mystischen Visionen bewirkt vielleicht, dass Sie sich klein und bedroht fühlen, denn sie kann nicht wie ein Bankkonto verwaltet werden. Aber mit Skeptizismus oder bloßem Festhalten an orthodoxen Werten fühlen Sie sich nur gelangweilt und unglücklich. Was Sie wirklich suchen, ist die tiefere Erfahrung von etwas Größerem und Sinnvollerem als der konkreten Realität, die Sie umgibt. Der Bereich des kreativen Ausdrucks ist davon auch betroffen. Sie haben die Gabe, Ihre Phantasie konkret zu machen. Aber vielleicht glauben Sie, dass Sie nicht besonders phantasievoll sind und sich besser dazu eignen, einen künstlerisch veranlagten Partner organisatorisch zu unterstützen. Leider kann das zu einem starken Gefühl von Neid und Ablehnung Ihrerseits führen. Zwar werden schöpferische Menschen als Freunde und Partner immer eine wichtige Rolle als Quelle der Inspiration für Sie spielen, aber Sie müssen lernen, sich auch selbst mehr zuzutrauen. Kreative Hobbies und Zeit zu spielen sind für Sie lebensnotwendig, selbst wenn Sie technisch gesehen nicht brillant sind. Sie müssen verstehen lernen, dass das nichts ausmacht, denn das, was Sie zu Ihrem eigenen Vergnügen tun, ist ebenso lohnenswert wie jeder praktische Beitrag für andere Menschen oder für die Gesellschaft. Wenn Sie den Mut aufbringen können, die kreative und mystische Seite Ihrer Persönlichkeit zu entwickeln, werden Sie entdecken, dass sie den Schlüssel zu Ihrer Erfüllung in sich birgt.

II. Hauptfiguren und Schattenfiguren:

1. Ein sehr starkes Bedürfnis, gebraucht zu werden:

Ihre Offenherzigkeit und Ihr starkes Mitgefühl für andere machen Sie zu einer hilfsbereiten, fürsorglichen und auf natürliche Art aufopferungsvollen Persönlichkeit. Für die Menschen, die Sie lieben, würden Sie fast alles tun, und Sie neigen dazu, ihnen fast alles zu verzeihen. Wie sehr Sie auch verletzt und enttäuscht werden, Sie verlieren nicht Ihren Glauben daran, dass es wichtig ist, freundlich und gütig zu sein, und Sie glauben an den Wert anderer Menschen. Jene absolute Autonomie und die Freiheit, Ihr eigenes Leben zu bestimmen, nach der so viele Menschen zu streben vorgeben, machen Ihnen nur wenig Vergnügen, denn Ihnen bereitet es am meisten Freude, für und durch andere zu leben. Sie neigen nicht zu kaltem Ehrgeiz, und Sie haben auch nicht das Bedürfnis, in den Augen der Welt etwas darzustellen. Deshalb sind Sie am leistungsfähigsten, wenn Sie mit anderen zusammenarbeiten – wenn Sie Menschen miteinander in Verbindung bringen und Probleme bereinigen, Gruppenaktivitäten beaufsichtigen und anderen die Anweisungen aggressiver Menschen erläutern. Sie haben gerne das Gefühl, dass Sie jemandem helfen konnten, und Sie brauchen sowohl bei der Arbeit als auch in Ihrem Privatleben das Gefühl, gebraucht zu werden – nicht auf Grund von Ausdauer und Stärke oder Energie, sondern aufgrund Ihres tiefen Mitgefühls und Verständnisses, Ihrer Vorstellungskraft und Ihrer Fähigkeit zu verzeihen. Sie können nicht besonders gut Grenzen ziehen und sich schützen, denn Sie hassen das Gefühl der Isolation, das durch zu viel Selbstsicherheit hervorgerufen wird – Sie würden lieber lieben und leiden, als lieblos zu sein und unversehrt zu bleiben.

2. Das Problem, sich abzugrenzen:

Sie sind so auf die emotionalen Ansprüche anderer ausgerichtet, dass manchmal der Eindruck entsteht, es gäbe Sie als Person eigentlich gar nicht – denn Sie werden immer zu dem Menschen, mit dem Sie gerade zu tun haben. Sie haben kein wirkliches Gefühl der Abgetrenntheit und der Ferne, wenn es um Menschen geht, die Ihnen wichtig sind – und Sie wollen einen solchen Zustand auch gar nicht erleben. Ihre Reaktion auf die Traurigkeit und das Leid im Leben ist manchmal zu stark, außerdem ignorieren Sie vielleicht zu bereitwillig, wie viel Vergnügen eine unabhängige Existenz bereiten kann. Aber Ihnen macht diese Art von Unabhängigkeit überhaupt keinen Spaß, weil sie mit einem Gefühl der Kälte und der Verlorenheit verbunden ist. Sie schrecken vor Egoismus zurück – oder vor dem, was Sie dafür halten – und in Ihren Augen ist es Egoismus, wenn jemand nach seinen eigenen Bedürfnissen handelt und nicht so sehr im Interesse der Beziehung oder der Gruppe; weil Sie immer danach streben, selbstlos zu sein (denn das ist Ihre Definition von Liebesbeweis), sind Sie in der Gefahr, oft verletzt und zurückgewiesen zu werden. Der Grund dafür ist nicht, dass Sie ein trauriges Schicksal haben oder nicht liebenswert sind, sondern dass Sie manchmal versuchen, ein bisschen zu heilig und selbstverleugnend zu sein; Sie können unabsichtlich bei anderen Menschen Schuldgefühle hervorrufen, weil Sie sie für Ihr Glück verantwortlich machen, indem Sie sich weigern, selbst die Verantwortung dafür zu übernehmen. Jemand, der sich schuldig fühlt, ärgert sich bald über die Ursache dieser Schuldgefühle und wird dann verletzend. Zwischen Ihrem edlen und recht überspitzten Ideal selbstloser Liebe und der tatsächlichen Natur der Menschen – zu denen auch Sie gehören – besteht eine große Kluft; weil Sie diese Kluft ungern überbrücken, indem Sie sich gelegentlich selbst ganz normal egoistisch verhalten, sorgen Sie dafür, dass Sie immer wieder enttäuscht werden. Oder anders gesagt: Auf einer tieferen Ebene erwarten Sie zu viel – und zwar sowohl von sich selbst als auch von anderen -, obwohl Sie sich in Ihrem Verhalten meistens als der verständnisvollste und toleranteste Mensch zeigen. Aber Sie scheinen nicht lernen zu wollen, wie wichtig es ist, ein Gleichgewicht zu schaffen, denn Sie haben etwas ungeheuer Idealistisches und Jenseitiges an sich. Es ist, als würden Sie das Leben hier auf der Erde eigentlich gar nicht besonders schätzen und als sehnten Sie sich danach, es durch die Erfahrung absoluter Liebe, die alle Grenzen und Ihre unabhängige Existenz auflöst, zu transzendieren. Sie besitzen viel Gefühlstiefe und eine feine Sensibilität. Aber Ihre Liebe ist in gewisser Weise über und jenseits des realen Menschen, die Sie oft nicht als getrennte und klar umschriebene Persönlichkeiten anerkennen und von denen Sie deshalb unvermeidlich enttäuscht werden.

3. <u>Ein Leben für und durch andere:</u>

Sie sind ein liebevoller und zärtlicher Mensch, und Sie sind in Ihrer Anhänglichkeit ausgesprochen loyal. Sie brauchen jedoch so viel intime Nähe, dass Sie manchmal nicht fähig sind, die Menschen, die Sie lieben, gehen zu lassen. Weil Sie ein guter Mensch sind und normalerweise nicht zu aggressivem oder offen dominantem Verhalten neiden, binden Sie andere an sich, indem Sie Opfer bringen, so dass die anderen sich Ihnen verpflichtet fühlen. Sie müssen erkennen, dass andere Sie um Ihrer selbst willen lieben werden – auf Grund Ihrer Einfühlsamkeit, Ihrer Phantasie, Ihrer Sensibilität und Ihrer zärtlichen Beschützerrolle – und dass Sie die anderen nicht durch Selbstaufopferung kaufen müssen, um sie daran zu erinnern, dass Sie sie lieben und dass Sie liebenswert sind. Sie können stark, beharrlich und klug sein, wenn es nötig ist. Ihre Überlebensfähigkeit ist viel größer als andere vielleicht annehmen, die nur Ihren Sanftmut und Ihre sichtlich verträumte Natur in Betracht ziehen. Selbstmitleid ist Ihr Hauptfeind, denn wenn Ihre Taktik nicht funktioniert und andere trotz aller Bemühungen sich nicht an Sie binden lassen, dann können Sie sich sehr verletzt und zurückgewiesen fühlen und großes Mitleid mit sich selbst haben; Sie drängen dann den anderen in die Rolle des lieblosen Bösewichts, der egoistisch ist und Ihre Bedürfnisse nicht beachtet, und Sie können sehr theatralisch schmollen. Versuchen Sie zu lernen, wie man Leute gehen lässt, denn sie kommen normalerweise zurück; falls sie das nicht tun, dann können sie auch nicht durch größte emotionale Erpressungen dazu gezwungen werden. Sie haben eine stärkere Persönlichkeit, als Sie die anderen gerne sehen lassen wollen, obwohl Ihre größte Macht in Ihrer Fähigkeit liegt, Gefühlsatmosphären zu beeinflussen – also eine sehr subtile Art der Kontrolle. Je mehr Sie also unbewusst versuchen, andere dazu zu zwingen, bei Ihnen zu bleiben, desto mehr werden Sie sie dazu bringen, sich aus Notwehr kalt und verletzend zu verhalten; aber je mehr Sie lernen können, sich selbst, so wie Sie sind, zu schätzen und der Beziehung selbst zu vertrauen, desto wahrscheinlicher ist es, dass Sie den engen und hilfsbereiten Freundeskreis, die Familie und die Kollegen haben, nach denen Sie sich so sehnen.

4. Besitzansprüche, Opfer und Verbitterung:

Sie fühlen sich anderen sehr tief verbunden, und Sie brauchen sehr lange, um sich von Verletzungen, Zurückweisungen und Verlusten zu erholen. Sie scheinen auch aus einer Familie zu kommen, in der ein ähnlich intensives und leidenschaftliches Gefühl enttäuscht und in unausgesprochenen Schmerz in Wut und Ablehnung verwandelt wurde. Liebe setzen Sie mit unvermeidlicher Enttäuschung gleich, und Bedürfnisse sind für Sie identisch mit Frustration, Erniedrigung und Bitterkeit. Es ist überhaupt nicht so, dass mit der intensiven Qualität Ihrer Gefühle irgendetwas nicht stimmen würde; es handelt sich im Gegenteil um eine seltene Gabe, denn Sie lieben mit Ihrem ganzen Herzen, und Sie haben oft tiefe Einblicke in das Verhalten anderer, die sehr hilfreich und heilend sein können. Aber Sie müssen auch erkennen, dass verschiedene Menschen Zuneigung und Interesse auf verschiedene Art und Weise zum Ausdruck bringen, und die Tatsache, dass jemand eher ein Verstandesmensch ist und in seinem oder ihrem Verhalten eher verschlossen, bedeutet nicht, dass keine Liebe vorhanden ist. Unglückliche Umstände können ebenfalls auf unfaire Art Liebe und Sicherheit zerstören; obwohl dies schmerzlich ist, müssen Sie aufpassen, dass Sie nicht durch einen Verlust Ihre ganze Lebensvision vergiften lassen. Sie haben die Tendenz, sich leicht von anderen oder vom Leben verletzt, zurückgewiesen oder betrogen zu fühlen, und Sie werden dann feindselig und ablehnend, obwohl Sie die Ablehnung nicht zeigen – sie schwelt vielmehr in Ihrem Unterbewusstsein, während Sie selbst weiterhin offensichtlich liebevoll und treu ergeben sind. Aber eine solch tiefe Bitterkeit verschwindet nicht, indem man sie unterdrückt, und andere spüren sie vielleicht in Ihnen und reagieren dann dementsprechend, selbst wenn Sie überhaupt nichts Verärgertes oder

Aggressives gesagt oder getan haben. Sie besitzen eine natürliche Fähigkeit, die Motive anderer zutiefst zu erfassen. Versuchen Sie, diese Gabe gelegentlich auf Ihre eigenen Gefühle anzuwenden. Ihre Gefühle haben eine sehr ursprüngliche und besitzergreifende Seite, die nicht annähernd so nachsichtig und selbstverleugnend ist, wie Sie zu sein scheinen; Ihre ständigen Opfer und Leiden haben vielleicht oft mehr mit Manipulation zu tun als mit echter Selbstlosigkeit – um in anderen Schuldgefühle hervorzurufen und um sie für ihre Nachlässigkeit zu bestrafen. Sie besitzen zu viel emotionale Kraft und Intensität, um ganz so passiv und langmütig zu sein. Versuchen Sie, einmal wirklich wütend zu werden und wegzugehen; es wäre ehrlicher und würde Ihnen selbst und anderen viel eher guttun, als eine chronische Zur-Schau-Stellung einer kaum verhüllten Tragödie.

5. <u>Eine Willensstärke, die sich nur schwer verbergen lässt:</u>

Sie besitzen ziemlich viel Willensstärke und Entschlossenheit und Sie sind fest davon überzeugt, dass Sie früher oder später bekommen, was Sie wollen. Aber diese Durchsetzungsfähigkeit bildet einen Widerspruch zu Ihrer normalerweise selbstverleugnenden, liebevollen und verständnisvollen Persönlichkeit. Das Ergebnis ist, dass diese Qualitäten wahrscheinlich in den Untergrund verbannt werden, aber es ist nicht anzunehmen, dass sie tatsächlich verschwinden. Sie haben die Tendenz, indirekt an die Oberfläche zu kommen – entweder als ein Art subtiler Kontrolle, die Sie über andere ausüben, indem Sie ihnen das Gefühl geben, Ihnen verpflichtet und für Sie verantwortlich zu sein, oder aber dadurch, dass Sie Ihre nicht eingestandene Macht auf andere projizieren. Dies führt zu Verstrickungen mit willensstarken Menschen, die Ihnen auf egoistische Art ihre Wünsche überzustülpen scheinen, weil Sie sie dazu zwingen, um ihre eigene Autonomie zu kämpfen. Sie zwingen sich selbst also unbewusst dazu, sich mit einer Seite Ihres eigenen Charakters auseinanderzusetzen, mit der Sie sich nicht wohlfühlen. Ihre Stärke und Ihre Macht sind keineswegs unvereinbar mit der liebevollen Seite Ihrer Natur und mit der Wichtigkeit, die kooperative Beziehungen für Sie haben. Aber Sie können viel tun, um diese beiden Pole Ihrer Persönlichkeit miteinander zu versöhnen, indem Sie sich um emotionale Ehrlichkeit bemühen und lernen, das Recht anderer Menschen zu respektieren, Ihnen etwas zu verweigern. Sie täuschen eigentlich niemanden, denn Ihre Stärke und Ihr Verlangen, andere zu beherrschen, sind offensichtlich, auch wenn Sie noch so hilflos, zerbrechlich und verloren wirken. Sie sollten Ihre eigene Macht mehr respektieren, statt sich ihrer zu schämen; denn Sie verfügen über eine seltene Kombination aus Kraft und Sanftmut, aus Härte und

Empfindsamkeit, und dies verdient mehr Hochachtung, als Sie sich zugestehen.

6. Ehrlichkeit und Freundlichkeit müssen sich nicht ausschließen:

Sie gehören also zu den Menschen, die im Leben mehr Traurigkeit und Enttäuschung auf sich ziehen als die meisten, aber Sie scheinen es am wenigsten zu verdienen, weil Sie so gütig, großzügig und verständnisvoll sind. Sie sind ein komplizierter Mensch mit einem schwierigen Paradox. Ihre emotionalen Bedürfnisse sind stark und intensiv, und Sie sind sehr beharrlich in Ihrem Verlangen, Ihre Beziehungen intakt zu halten und die Menschen, die Sie lieben, nahe bei sich zu haben; aber Sie zeigen Ihre Stärke nicht gerne direkt, sondern ziehen es vor, eine Art Hilflosigkeit und Verwundbarkeit zur Schau zu stellen, wodurch Sie im besten Fall Sympathie, manchmal Mitleid und im schlimmsten Fall Verärgerung hervorrufen, weil die anderen spüren, dass Sie nicht wirklich offen sind und sich deshalb von Ihnen manipuliert fühlen. Sie neigen dazu, Liebe mit Leiden gleichzusetzen – eine Gleichsetzung, die nicht notwendigerweise eine Lebenswahrheit ist, die aber fraglos Ihre Wahrheit ist -, als könnten Sie Ihr Liebesbedürfnis nicht rechtfertigen, wenn es nicht durch Selbstaufopferung geläutert ist. Wenn Sie einer solchen Lebensphilosophie anhängen wollen, die in Wirklichkeit eher einem tiefverwurzelten Schuldkomplex entspringt als einer Heiligkeit der Seele – gut, das ist Ihr Recht, und Sie befinden sich in guter Gesellschaft, denn solche Qualitäten gehören zum Rüstzeug der Heiligen und Märtyrer. Aber seien Sie nicht überrascht, wenn andere nicht Ihrer Philosophie anhängen, und versuchen Sie, nicht ganz so verärgert zu sein und so streng zu urteilen, wenn die anderen nicht ganz so liebevoll erscheinen, wie Sie es von sich selbst glauben. Vielleicht sind Sie es in Wirklichkeit – nur eben auf eine andere, aber genauso gültige Art.

7. Unterdrückter Wille zur Dominanz:

Als Kontrastfigur zu Ihrer rücksichtsvollen und selbstverleugnenden Persönlichkeit gibt es noch einen anderen Protagonisten in Ihrem inneren psychischen Drama. Diese versteckte Seite enthält all die Qualitäten, die eigentlich zu Ihnen gehören, die Sie aber aus Ihrem bewussten Werten und Verhaltensweisen ausgeschlossen oder die Sie unterdrückt haben, um die Beziehungen und das Selbstbild, das Ihnen so wichtig ist, zu erhalten. Ihre Schattenseite ist um einiges egozentrischer und rücksichtsloser als Sie wahrscheinlich glauben; wenn Ihnen die Unabhängigkeit und Stärke dieser Seite unbewusst bleiben, dann bilden Sie sich möglicherweise ein, diese Züge bei all den Menschen zu sehen, von denen Sie – positiv oder negativ – fasziniert sind, und zwar vor allem bei Menschen, in die Sie sich verlieben und die die Entschiedenheit, Selbstvertrauen und Freiheit zu verkörpern scheinen, woran es Ihnen oft fehlt. Es ist außerordentlich wichtig, dass Sie dieser verborgenen Seite ins Auge blicken, denn obwohl sie Ihre hohen Liebes- und Aufopferungsideale bedroht, ist dies notwendig für Ihr Überleben und Ihre Autonomie. Es ist auch unerlässlich für das psychische Wohlergehen Ihrer Kinder, die sich im Gegensatz zu den Erwachsenen nicht wehren können und wahrscheinlich am meisten unter der versteckten Manipulation leiden. Wenn Sie keine Beziehung zu Ihrem eigenen starken Willen haben, dann laufen Sie Gefahr, ein typisches Opfer zu werden, immer den Wünschen, Gefühlen und Handlungen anderer ausgeliefert und nie imstande, das Leben selbst in die Hand zu nehmen.

8. Heimlich die Erste und Beste sein wollen:

Sie erwecken den Eindruck von außerordentlicher Anpassungsfähigkeit, immer bereit, die Gefühle des anderen zu berücksichtigen und das zu tun, was ihn oder sie glücklich macht. Aber Sie haben etwas an sich, das nicht zu dieser Art von Kompromiss passt – es ist ein wilder Geist voll dynamischer Energie, der sich danach sehnt, seinen eigenen Weg zu gehen und genau das zu tun, was ihm passt. Sie sind sehr viel eigenwilliger und viel mehr mit sich selbst beschäftigt, als Sie gerne zugeben möchten, denn wenn Sie das tun würden, dann würde das natürlich bedeuten, dass das gefürchtete Wort egoistisch, das Sie manchmal ein bisschen zu freizügig auf andere anwenden, möglicherweise auch auf Sie zutreffen würde. Aber der Egoismus Ihres lebhaften und energischen Schattens ist ein gesunder Egoismus, und wenn Sie fähig sind, einige dieser feurigen, ungestümen und enthusiastischen Qualitäten in Ihr Leben zu integrieren, dann finden Sie vielleicht heraus, dass Sie mehr Energie, Humor und Optimismus haben, den Sie an Ihre Erfahrungen herantragen können; dass Sie auch die Fähigkeit haben, manchmal nein zu sagen, wenn Sie etwas nicht tun wollen, und dass Sie den Mut haben, es alleine zu tun, wenn niemand es mit Ihnen tun möchte. Das angeborene, kühne Selbstvertrauen Ihrer verborgenen Seite kann Ihren sanfteren Wertvorstellungen manchmal anstößig erscheinen, denn es ist der Geist des Ich zuerst, der den anderen die Verantwortung für sich selbst zurückgibt. Ihre Schattenseite hat auch eine ausgesprochen konkurrenzorientierte Ader; Sie möchten nicht nur Ihre eigenen Ziele verfolgen, Sie wollen auch der Erste und Beste sein, und es macht Ihnen Vergnügen, einen Gegenspieler rücksichtslos zu Boden zu schlagen und gleichzeitig ein süßes Lächeln aufzusetzen, als könnten Sie keiner Fliege etwas zu Leide tun. Alle diese

Eigenschaften sind ursprünglich gesund, und Sie müssen sie Ihrem Glück und Ihrem psychischen Gleichgewicht zuliebe freier zum Ausdruck bringen. Es ist ungesund, wenn Sie sie leugnen, denn dann können Sie wirklich destruktiv werden, ohne es zu merken. Sie laufen Gefahr, viel Wut und Ärger aufzustauen; es darf Sie dann nicht überraschen, wenn Ihre Wut auf Sie zurückfällt, entweder durch andere Menschen, die Sie verletzt haben, oder durch Ihren eigenen Körper, der Ihnen immer durch charakteristische Symptome wie Kopfschmerzen und hohen Blutdruck mitteilen wird, wann Sie mit sich selbst nicht ehrlich sind.

9. Das Problem, Aggressionen auszudrücken:

Sie haben Schwierigkeiten mit Ärger und Wut. Sie haben sie in sich, gleichgültig, wie stark Sie sie unterdrücken mögen – nicht weil Sie von Natur aus ein schlechtgelaunter Mensch sind, sondern weil Sie viel eigensinniger und kompromissloser sind, als Sie sich selbst in den Grenzen der Beziehungsmuster, die Sie aufgebaut haben, zugestehen. Sie geben normalerweise den Bedürfnissen und Wünschen anderer den Vorrang vor Ihren eigenen, und das ist sehr freundlich und rücksichtsvoll von Ihnen. Aber Sie haben etwas an sich, das schlicht unfähig ist, solche Opfer zu bringen, weil Sie zu stark, zu unabhängig und zu eigenwillig sind. Es besteht ein permanenter Konflikt in Ihnen zwischen Ihren bewussten Werten und Ihrem Bedürfnis, Ihren eigenen Weg zu gehen, zu tun, was Sie wollen, und niemandem verpflichtet zu sein. Wenn Sie in einem Beruf arbeiten, in dem Sie sich dauernd anpassen müssen – vor allem, wenn Sie die Aggressionen und die Dominanz anderer hinnehmen müssen – oder wenn Sie in einer Beziehung sind, in der Sie dieselben Verhaltensmuster entwickelt haben und immer kompromissbereit und verständnisvoll sind, dann tragen Sie wahrscheinlich ein extrem explosives Päckchen voll Wut mit sich herum. Wie dieser Ärger an die Oberfläche kommt, hängt von den Umständen ab. Er bricht vielleicht in plötzlichen Anfällen von Ungeduld durch, oder er kommt verdeckter durch destruktive Bemerkungen oder düstere manipulative Launen zum Ausdruck. Oder aber er kleidet sich in körperliche Symptome: Es kann ein empfindlicher Magen sein oder eine Neigung zu Kopfschmerzen, Hautausschläge oder andere Symbole unausgesprochener Wut. Aber je eher Sie Ihrer Wut ins Auge sehen, desto besser sind Sie dran, denn in dieser schwelenden Energie sind einige sehr wertvolle und kreative Qualitäten eingebettet – nicht zuletzt die große Willenskraft und

Entschlossenheit, die Sie zu einer weitaus stärkeren Person machen, als Sie scheinen.

10. Es ist besser, man selbst zu sein als die Heilige zu spielen:

Sie sind also nicht ganz so, wie Sie scheinen, denn unter dem sanften und anpassungsfähigen Äußeren liegen viel Kraft, Stärke und Eigensinn; dies Eigenschaften könnten Ihr Leben sehr bereichern, wenn Sie das Risiko eingehen würden, sie mehr zum Ausdruck zu bringen. Es ist nicht Ihr Horoskop, das Ihnen Enttäuschung als Schicksal auferlegt, sondern es ist Ihre eigene Weigerung, das auszuleben, was in Ihnen ist. Weil andere Menschen so ungemein wichtig für Sie sind, haben Sie Angst, sie durch zu große Direktheit und offenen Egoismus zu verlieren; Sie setzen lieber subtilere und manipulativere Mittel ein, um das zu bekommen, was Sie wollen. Was Sie wollen, hat seine Berechtigung und Gültigkeit – meistens jedenfalls – und Sie sollten es auch bekommen. Aber obwohl Sie Verständnis und Kooperation immer an die erste Stelle Ihrer Prioritätenliste setzen werden, kann auch noch so viel Selbstverleugnung aus Ihnen keine Heilige machen. Es könnte nutzbringend für Sie sein, sich zu überlegen, wie viel von Ihren Bemühungen, so gut und liebevoll zu sein, mit schwierigen Kindheitserfahrungen zu tun hat. Sie sind ein komplizierter Mensch, und Sie besitzen eine gute Dosis an Liebesfähigkeit – und an Eigenwilligkeit; dies macht Sie zu einer tiefen, interessanten und vitalen Frau. Versuchen Sie, ganz Sie selbst zu sein und nicht auf eine Heiligsprechung hinzuarbeiten: denn Heilige werden gern zu Opfern, und die Opferrolle passt nicht richtig zu Ihnen – auch wenn sie an der Oberfläche so edel wirkt. Sie haben dem Leben, anderen Menschen und sich selbst mehr zu bieten als das.

11. Eine ruhige, beständige und warmherzige Persönlichkeit:

Alles, was jung, hilflos und ohne Schutz ist oder Schmerzen hat, ruft Ihr Mitgefühl hervor und gewinnt Ihre Unterstützung. Sie erfahren Erfüllung durch Ihre Beziehung zu anderen und durch das Gefühl, dass Ihre große Stärke für einen anderen Menschen von Nutzen und Wert ist. An einem abstrakten Engagement für eine nur theoretisch fassbare Menschheit sind Sie nicht besonders interessiert; es ist der einzelne Mensch, dem Ihr Interesse gilt, der Mensch, der Hilfe oder Ermutigung braucht. Sie sind natürlich nicht nur liebreich und freundlich, sondern Sie können auch fordernd, trotzig und manipulativ sein, wenn Sie sich nicht anerkannt fühlen. Aber es muss nur jemand eine Schwäche zeigen oder sich aufrichtig entschuldigen, und Ihr Zorn verfliegt, denn nichts betriff Sie stärker als das ehrlich zum Ausdruck gebrachte Bedürfnis eines anderen Menschen. Ohne Ihre Kraft, Ihr Mitgefuhl und Verständnis wären die Menschen, die beruflich oder privat mit Ihnen zu tun haben, zweifellos nicht imstande, das zu leisten, was sie leisten, oder so glücklich zu sein, wie sie sind. Sie haben manchmal das Gefühl, als seien Sie weniger wert als einige der Menschen, die sich zu Ihnen hingezogen fühlen, weil das, was Sie geben, meist still und nicht verbal ist; Ihre Unterstützung wird vielleicht von den Menschen in Ihrer Nähe als selbstverständlich hingenommen, einfach deswegen, weil sie so beständig ist. Eine Herausforderung, die Ihnen das Leben früher oder später stellen wird, ist das Problem der Abgrenzung, denn es gehört zu Ihrer Natur, gegen Alleinsein und krasse Grenzen zu sein. Sie werden letztendlich lernen müssen, mit diesem Dilemma umzugehen, und zwar um der Beziehung willen, in die Sie so viel investieren.

12. <u>Eine freiheitsliebende und egoistische Schattenseite:</u>

Um Ihr Gefühl von einer dauerhaften Beziehung zu anderen Menschen zu bewahren, haben Sie eine andere Seite Ihres Wesens weitgehend aus Ihrem bewussten Leben ausgeschlossen; diese Schattenseite enthält all die Freiheitssehnsüchte und egozentrischen, narzisstischen und unzuverlässigen Wesenszüge, die Sie bei anderen so schwierig finden, die Sie aber insgeheim faszinieren und neidisch machen. Es gibt zweifellos Zeiten, zu denen sich diese verborgene Seite bemerkbar macht, etwa durch plötzliche Gereiztheit und ein starkes Gefühl, ausbrechen zu müssen, dem Sie vielleicht sogar folgen. Aber es ist wahrscheinlicher, dass Sie diese unbeschwerte, kindliche, verantwortungslose Seite unterdrücken, denn sie würde in Ihren Beziehungen zu viel Unruhe auslösen. Es würde auch bedeuten, dass Sie Gefahr laufen, alleine zu sein, und davor haben Sie Angst. Sie tendieren eher dazu. Diese innere Gestalt auf andere Menschen zu projizieren – vor allem auf Ihre Freunde, Partner und auf Ihre eigenen Kinder, falls sie welche haben. Sie sind dann abwechselnd begeistert und verletzt durch das, was Sie bei den anderen als egoistischen, provozierenden und dynamischen Geist wahrnehmen. Hinter der freundlichen Frau, als die Sie überall gelten, steckt ein sprunghafter, verantwortungsloser und eigenwilliger Geist, der alle Bindungen und engen Beziehungen ablehnt und danach strebt, in die Bereiche des Verstandes und der Phantasie hinaufzusteigen, und der im äußeren Leben Reisen und Abenteuer ersehnt. Diese verborgene Seite bringt offensichtlich für Sie eine enorme Herausforderung mit sich, denn wenn Sie sich weigern, diese Seite auszuleben, dann wird sie es selbst tun, und zwar durch die Menschen, die in ihr Leben treten. Sie würden sich im Leben viel Leid ersparen, wenn Sie verstehen könnten, dass Sie ein

Mensch und nicht eine Anwärterin auf Heiligsprechung sind, wie hoch Sie auch Selbstlosigkeit und Verantwortungsbewusstsein gegenüber anderen einschätzen mögen. Es ist möglich, sich mit Ihrer Schattenseite besser anzufreunden, ohne ein schlechter Mensch zu werden, und es ist keineswegs unvereinbar damit, ein liebevoller Mensch zu sein und geliebt zu werden. Aber Ihr Liebesverständnis ist vielleicht ein bisschen zu naiv, zu sentimental und eindimensional und auch nicht umfassend genug, um wahre Toleranz gegenüber sich selbst, so wie Sie sind, mit einzuschließen.

13. Engagement für die Allgemeinheit und die Gesellschaft:

Konzepte wie Menschheit und Gesellschaft sind für viele Menschen nur abstrakte Begriffe. Ihnen bedeuten Sie sehr viel. Die Menschheit ist in Ihrer Erfahrung nicht nur eine Idee, sondern eine lebendige Realität, und die Ereignisse, die Ihr persönliches Leben betreffen, werden sofort in eine umfassendere und allgemeinere Perspektive umgesetzt, denn Sie können sich selbst nicht als abgetrennte Einheit sehen, losgelöst von der Gesamtheit der Menschheit. Sie sind ein Teil der menschlichen Familie, und Ihr Gefühl, dass Ihr Leben einen Zweck und einen Wert hat, hängt hauptsächlich von dem Gefühl ab, etwas für diese Familie getan zu haben. In dem Drang, die Menschheit im Sinn Ihrer Ideale zu reformieren, tendieren Sie zu eher radikalen oder revolutionären Ansichten darüber, wie es in der Welt aussehen sollte. Vielleicht sprechen Sie oft über Themen wie Menschenrechte, die Unterdrückung von Minderheiten, die Verantwortung des Einzelnen gegenüber der Gesellschaft oder über die Übel der Klassenstruktur und des zügellosen Materialismus. Es gibt in Ihrem Leben wenig, das nicht auf irgendeine Weise von Ihren Idealen bestimmt ist, vom Bedürfnis, sich mit umfassenderen menschlichen Anliegen zu beschäftigen. Ein Beruf, mit dem Sie zwar Ihren Lebensunterhalt verdienen, der aber nichts Sinnvolles oder Wichtiges für die Gesellschaft leistet, ist kaum das Richtige für Sie. Wenn Sie in einer solchen Situation stecken, dann werden Sie vermutlich depressiv, ruhelos und unglücklich. Das Leben wird schließlich mit der Frage nach den Grenzen der menschlichen Natur und nach Ihren persönlichen Grenzen an Sie herantreten. Sie werden wahrscheinlich früher oder später die Gesetze der Welt, in der Sie leben, akzeptieren müssen. Mit Ihren Überzeugungen sind Sie leider immer viele Jahre zu früh dran, und die damit verbundenen Erwartungen sind viel zu hoch, als dass die Menschheit sie so schnell erfüllen könnte, wie Sie glauben. Weil Sie am Gefühlsleben des Einzelnen nicht so besonders interessiert sind, es sei denn als Reflex sozialer Bewegungen und historischer Tendenzen, neigen Sie dazu, zu unterschätzen oder sogar zu ignorieren, wie einzelne Menschen – und dazu gehören auch Sie selbst – wirklich empfinden. Das Wohlergehen der Gruppe ist Ihnen normalerweise wichtiger. Oft können Sie zumindest in Ihrem Kopf die Mittel durch den Zweck rechtfertigen und auf rationaler Ebene im Namen des sozialen Fortschritts individuellen Schmerz in Kauf nehmen – weil der Zweck zumindest gewisse Mittel heiligt. Aber trotz dieser dunkleren Seite Ihrer hohen Ideale sind Sie ein guter und humanitärer Mensch, und das Wohl der Welt, in der Sie leben, liegt Ihnen wirklich sehr am Herzen.

14. Eine versteckte Neigung zu traditionellen Werten:

Neben der rastlosen und rebellischen bewussten Persönlichkeit gibt es eine weitere verborgene Gestalt in Ihrem inneren psychischen Drama, die all diejenigen Qualitäten enthält, die Sie von Ihrem Werten und Ihrem äußerlichen Verhalten ausgeschlossen haben, um die intellektuelle und emotionale Freiheit zu behalten, nach der Sie verlangen. Diese Schattenseite ist erheblich konventioneller und konservativer, als Sie vielleicht zugeben möchten, und wenn Sie die gelegentlich übertrieben negative Reaktion bedenken, die Sie zeigen, wenn Ihnen solche Qualitäten in anderen Menschen und gesellschaftlichen Institutionen begegnen, erahnen Sie vielleicht Ihre geheime Sympathie für diese eher altmodischen Werte. Das Problem ist, dass Sie sich bemühen, rebellisch zu sein, eine vorausdenkende und einzigartige Individualistin, sich aber mit einem etwas weniger glanzvollen, eleganten und mehr stereotypen Selbstbild anfreunden müssten, wenn Sie Ihren Schatten integrieren wollen. Aber Sie brauchen diese verborgene Seite, um sich selbst als real zu empfinden. Sie haben Angst davor, anderen diese Schattenseite zu zeigen, weil deren Werte so anders als die Ihren sind, und auch, weil Sie Angst davor haben, zurückgewiesen oder für langweilig und gewöhnlich gehalten zu werden. Weil Sie sich im Bereich konkreter Herausforderungen unwohl fühlen, fliegen Sie davon in das Reich der Potentiale und leben in einer ewigen Traumwelt von Wenn ich mal groß bin. Aber dieser Höhenflug verbirgt zum Großteil nur Ihre Angst vor Versagten und Unzulänglichkeit in den Augen der Welt. Sie sind eine begabte und weitsichtige Frau und können wirklich Außergewöhnliches erreichen, aber Sie werden einige Regeln und Begrenzungen des gewöhnlichen Lebens akzeptieren müssen, einschließlich Ihrer eigenen Bedürfnisse, denn das Leben wird Sie letzten Endes nicht verschonen.

Wie begabt und außergewöhnlich Sie auch sein mögen, Sie unterliegen den gleichen Konflikten, Ängsten und Bedürfnissen – vor allem nach Sicherheit und Zugehörigkeit – wie Ihre Mitmenschen. Wenn Sie Ihre eigenen Grenzen wirklich akzeptieren können, werden Sie wahrscheinlich viel größere innere Gelassenheit finden.

III. Ihr Familiärer Hintergrund:

1. Das Vaterbild im Horoskop einer Frau - Die Erfahrung gefühlsmäßiger Entfremdung:

Das subjektive Bild Ihres Vaters erscheint in Ihrem Geburtshoroskop als stark und zugleich doppeldeutig. Ein Gefühl der Entfremdung bestimmte Ihre Beziehung zu ihm – entweder auf Grund einer tatsächlichen Trennung, oder weil Sie seine Persönlichkeit als zu distanziert, intellektuell, kühl und teilnahmslos erfahren haben und es Ihnen nicht möglich war, ihm nahe zu kommen. Er unterstützte Ihre geistige Entwicklung vermutlich voll Begeisterung, blieb aber gegenüber Ihren gefühlsmäßigen und körperlichen Ansprüchen verschlossen, und Sie haben sich deswegen vielleicht auf einer tiefen persönlichen Ebene zurückgewiesen gefühlt. Seine hohen Maßstäbe, was Leistung und Perfektion betrifft, und sein Mangel an Achtung für Ihre normalen menschlichen Bedürfnisse – besonders für das Bedürfnis nach Zuneigung und Wärme – haben auf Ihre eigenen Werte einen starken, unbewussten Einfluss ausgeübt. Ihr Vater hatte, wie es scheint, ein Problem mit der weiblichen Seite des Lebens – sowohl bei sich selbst als auch bei den weiblichen Mitgliedern seiner Familie – und Sie haben erfahren, dass Ihre instinktmäßige und emotionale Natur herabgesetzt wurde, als wäre es irgendwie falsch, ein weibliches Kind und nicht ein asexuelles, intellektuelles Erfolgswesen zu sein. Sie sollten sich Ihrer Neigung, Ihrer eigenen Person dasselbe anzutun, sehr bewusst sein, denn obwohl Sie aus diesem Erbe, das Ihnen visionäre Kraft und hohe Maßstäbe gegeben hat, enorme Vorteile gewonnen haben und deshalb zu schöpferischem und unkonventionellem Denken fähig sind, laufen Sie auch Gefahr, Ihre Gefühle und Ihren Wert als Frau herabzusetzen.

2. Hohe Ideale:

Die Art, wie Sie Ihren Vater erfahren haben, war also in der frühen Kindheit nicht sehr warm oder hilfreich für Ihre Gefühlsentwicklung. Zum Ausgleich dafür haben Sie hohe Ideale und ein Streben nach Wissen und intellektueller Leistung ererbt, und dies gibt Ihrer Persönlichkeit eine außerordentlich schöpferische Seite. Dieses zurückgezogene und idealistische Vaterbild in Ihnen ist eine starke Quelle visionärer Kraft und Ursprünglichkeit. Aber Sie sollten darauf achten, sich mit Ihrem Vater nicht so weit zu identifizieren, dass Sie sich schämen, ein Mensch zu sein, manchmal zu versagen oder emotionale Bedürfnisse auszudrücken, die Ihr Vater als unangenehm empfunden hätte – nicht auf Grund Ihrer Wertlosigkeit, sondern wegen seiner eigenen Ängste. Mit Ihrer Liebe zu der klaren, offenen Welt des kreativen Denkens können Sie es im Leben weit bringen, Sie haben eine einzigartige Fähigkeit, das Leben distanziert und objektiv zu betrachten und wichtige Einblicke in das menschliche Verhalten zu gewinnen. Das schöpferische Potential dieses kühlen, brillanten Vaterbildes in Ihnen ist sehr groß, aber es muss sich in die Grenzen Ihrer individuellen menschlichen Werte einfügen.

3. Ein versteckter Drang nach Dominanz:

Ihr Vater war nicht nur komplizierter, als er wirkte; er war sich vermutlich seines eigenen dunklen Doppelgängers selbst nicht ganz bewusst: einer machtvollen und kontrollierenden Schattenseite, die ihn in Ihrer Erfahrung weit dominierender machte, als sein Verhalten rechtfertigen würde. Seine unmerkbare Kontrolle wirkte auf Sie durch die emotionale Atmosphäre. Sie wurden manipuliert, indem Ihnen Liebe und Zuneigung abwechselnd angeboten und entzogen wurde. Zweifellos wäre Ihr Vater der erste, der solch eine dunkle und dominante Seite leugnen würde. Diese allmächtige, manipulative und dominante Gestalt ist sehr wahrscheinlich nicht der Vater, den Sie kennen; aber wenn Sie in sich hineinschauen, dann werden Sie herausfinden, dass Ihre Ablehnung gegenüber männlicher Autorität einer sehr persönlichen Erfahrung mit ihr entspringt, die verdeckt und deshalb umso mächtiger war.

4. Die eigene Power akzeptieren:

Es wäre falsch, Ihrem Vater wegen dieses inneren Bildes Vorwürfe zu machen, denn es ist in Ihrem Geburtshoroskop, und er hat es nicht dort eingetragen. Aber es ist möglicherweise wichtig, dass Sie die komplexe und recht gespaltene Gestalt verstehen, die das seelische Erbe von Seiten Ihres Vaters repräsentiert, weil Sie dieselbe innere Spaltung haben – zwischen einer einfühlsamen und liebenswerten äußeren Persönlichkeit und einem mächtigen unbewussten Trieb, andere zu beherrschen. Sie müssen in Ihrem Leben das erreichen, was Ihr Vater vermutlich nicht konnte: Sich beider Seiten Ihres Selbst bewusst werden, erkennen, dass Macht – vor allem die unmerkbare Macht, die von Gefühlen ausgehen kann – nicht immer negativ ist, insbesondere nicht dann, wenn sie ehrlich und mit Respekt für die Bedürfnisse und Gefühle anderer zum Ausdruck gebracht wird. So können Sie ganz offen so leben, wie Sie wirklich sind, statt wie Ihr Vater die dunkle Seite Ihres Selbst zu unterdrücken. Ihr väterliches Erbe enthält versteckte Qualitäten voller Anziehungskraft, und Sie können es damit im Leben weit bringen.

5. Das Mutterbild im Horoskop einer Frau - Überwältigende Gefühlsbedürfnisse:

Das subjektive Bild Ihrer Mutter in Ihrem Geburtshoroskop ist stark und allgegenwärtig. Vermutlich war sie, was den psychologischen Einfluss in Ihrer Kindheit betrifft, der dominante Elternteil – selbst wenn ihr äußerliches Verhalten sie als die Untergeordnete erscheinen ließ. Die Macht Ihrer Mutter beruhte auf dem Gefühlsbereich, und sie hatte die Kraft, die emotionale Atmosphäre Ihrer Kindheit zu beeinflussen, und zwar eher durch Stimmungen und durch das, was sie nicht sagte oder tat, als durch das, was sie sagte und tat. So zurückhaltend ihr äußeres Verhalten gewesen sein mag – im Grunde war sie wohl eine leidenschaftliche und emotional fordernde Frau, die zu außerordentlicher Loyalität fähig war, aber auch zu außerordentlicher Abneigung, wenn sie nicht die emotionale Zuwendung bekam, nach der sie verlangte.

6. Leid, Enttäuschung und Verbitterung:

Dieses Mutterbild hat viel Kreatives an sich, denn es repräsentiert eine große emotionale Fülle und Tiefe in Ihnen und auch eine enorme Kraft, angesichts von Enttäuschungen auszuhalten und sich aufzuopfern. Das verleiht Ihnen immense innere Stärke und Mut. Das Problem ist, dass Ihre Mutter vermutlich zutiefst unglücklich und emotional unbefriedigt war und dass sie viele negative Gefühle, sogar Depression und Verzweiflung in sich barg. Je verdeckter dies war, desto tiefer war die Wirkung auf Sie, denn in Ihnen liegt vielleicht ein unerklärliches, aber tiefes Misstrauen vor dem Leben und der Liebe – vor allem der Liebe einer festen Beziehung. Wahrscheinlich war die Ehe für Ihre Mutter eine Enttäuschung, und das hat in Ihnen unbewusst so gewirkt, dass Sie in jedem wichtigen emotionalen Austausch entweder für sich selbst oder für Ihren Partner Trauer, Traurigkeit und Enttäuschung erwarten. Es wird notwendig sein, dieser dunkleren Seite Ihrer Mutter ehrlich und mitfühlend zu begegnen, sonst laufen Sie Gefahr, diese ererbte Bitterkeit in Ihre eigenen Beziehungen einzubringen. Sie sind häufig ohne wirklichen Grund negativ und verärgert, während Sie Ihrerseits feste Beziehungen vermeiden, aus Angst, dass es Ihnen wie Ihrer Mutter ergeht oder dass Sie von einem Partner aufgefressen werden; auch Ihre Mutter zehrte unbewusst an ihren Familienmitgliedern, um ihrem Leben Sinn zu geben. Wenn Sie verstehen, dass tiefe Gefühle nicht unbedingt Schmerz und Enttäuschung mit sich bringen und dass Ihre Mutter – auf einer Ebene, die sie selbst am besten kennt – sich dazu entschied, in Umständen zu bleiben, die sie unglücklich machten, können Sie lernen, Ihren starken emotionalen Bedürfnissen zu vertrauen. Ihr mitfühlendes Wesen ist eine Gabe, kein Fluch, und es wird Sie nicht sofort ins Unglück stürzen, wenn Sie lernen, jemand anderem zu vertrauen. Wenn

Sie Ihre eigene Lebenserfahrung von dem starken Bild Ihrer Mutter trennen, dann können Sie anfangen, das Positive dieser Fähigkeit, die Sie mit ihr gemein haben, zu empfinden – Seelenstärke und tiefes Mitgefühl für den Schmerz anderer.

7. Probleme eines nicht entfalteten geistigen Potentials:

Ihre Mutter besaß offensichtlich einige ausgeprägte intellektuelle Fähigkeiten, und selbst wenn sie nicht die Chance hatte, diese Gaben in einer Ausbildung oder einem Beruf zu verwirklichen, so war sie doch zweifellos von Natur aus klug, vielseitig begabt und wortgewandt. Wahrscheinlich war sie der intelligentere Teil Ihrer Eltern, auch wenn Ihr Vater die akademischen Qualifikationen hatte und es der Mutter wichtiger war, andere Seiten ihres Wesens zum Ausdruck zu bringen. Sie haben von ihr ererbt, die Gaben des Verstandes zu schätzen und Ihre eigenen intellektuellen Gaben in verschiedenen Lebensbereichen zu entwickeln. Allerdings ist es gut möglich, dass die natürliche Klugheit und Wissbegierde Ihrer Mutter nicht in einem Beruf entwickelt wurden oder zum Ausdruck kamen, so dass sie großteils gelangweilt und frustriert war. Dann waren Sie vielleicht ihrer kritischen Zunge so stark ausgesetzt, dass Sie sie fürchten lernten und auch jetzt noch, als Erwachsene, gegenüber Kritik anderer sehr empfindlich sind. Gleichgültig wie Sie Ihre Mutter bewusst wahrnehmen – es ist wichtig für Sie, ihre intellektuelle Kapazität zu erkennen und die Folgen für Ihre Mutter – und für Sie -, wenn diese natürlichen Fähigkeiten unterdrückt oder nicht gelebt wurden. Sie haben von ihr einen schnellen und regen Verstand geerbt, und diese Begabung sollte in einem Beruf eingesetzt werden, der Ihren Verstand fordert und Ihren Ausdrucksmöglichkeiten Raum gibt.

8. Ein versteckter Wille zur Macht:

Ihr Mutterbild hat eine versteckte, aber starke Seite, die sie vermutlich nicht richtig zum Ausdruck bringen konnte. Ihre Mutter hatte jedoch einen großen unbewussten Einfluss auf Ihren Ehrgeiz und Ihren Willen, im Leben Erfolg zu haben. Ihre Mutter besaß ein beträchtliches Maß an Mut, Kraft und Ehrgeiz, aber diese Qualitäten haben einen vorwiegend männlichen Beigeschmack, und so machten ihre Persönlichkeit oder ihre Erziehung es ihr schwer, ihnen Ausdruck zu verleihen. Vielleicht waren Wutanfälle der einzige Ausdruck ihres starken inneren Drangs, und selbst ihre Wut zeigte sich vielleicht nur in Manipulation oder kaum merkbarer Kritik. Sie haben das Konkurrenzdenken Ihrer Mutter geerbt und ihren großen Wunsch, etwas Wichtiges aus dem Leben zu machen; aber Sie müssen sich diese versteckte Dimension in Ihrer Mutter bewusst machen, wenn Sie vermeiden wollen, von zwanghaften Ambitionen getrieben zu werden, die Sie arbeitssüchtig und rücksichtslos gegenüber Ihren persönlichen Bedürfnissen machen.

9. Das Problem von Neid und Ehrgeiz:

Sie müssen sich auch mit dem Problem, das Sie mit Konkurrenzdenken und Neid haben, auseinandersetzen, denn Ihre Mutter war auf Grund ihrer brachliegenden Energie vielleicht neidisch auf Ihre Stärken und zeigte sich Ihnen gegenüber deshalb sehr aggressiv. Wenn dies der Fall war, dann fühlen Sie sich vermutlich nervös oder unwohl, sobald Sie bei anderen Neid oder Herausforderungen begegnen. Vielleicht haben Sie auch gelernt, Ihren eigenen Konkurrenztrieb und Ihre aggressiven Instinkte zu fürchten, obwohl diese auch positive Faktoren sind, mit denen Sie es im Leben weit bringen können. Wut und Zorn sind ein anderes Erbe Ihrer Mutter, und obwohl Sie selbst ziemlich temperamentvoll sind, haben Sie wegen der Atmosphäre großteils unterdrückter Wut, die Ihre Mutter umgab, vielleicht Angst davor, gesunde Wut herauszulassen. Aber im Grunde ist diese Seite Ihres Mutterbildes anregend, voller Vitalität, Energie und Mut. Je klarer Sie diese unausgelebte Seite in ihr erkennen können, desto freier werden Sie dieses starke Wesen in sich selbst verstehen und einsetzen können.

10. Die Beziehung der Eltern: Eine scheinbare Harmonie überdeckt Konflikte:

Das gefühlsmäßige Klima Ihrer frühen Kindheit war an der Oberfläche ruhig und heiter. Das von Ihrem Geburtshoroskop dargebotene Bild legt nahe, dass Sie die Beziehung zwischen Ihren Eltern als gefestigt erfahren haben – entweder weil es wirklich eine Ehe mit einer soliden und harmonischen Basis war, oder weil die tieferliegenden Konflikte und Schwierigkeiten nicht ans Licht gebracht wurden. Es gab anscheinend ein stillschweigendes Übereinkommen zwischen Ihren Eltern, eine gemeinsame Position zu vertreten und alle Reibereien zu unterdrücken. So sind Sie mit einer inneren Vorstellung von elterlicher Harmonie aufgewachsen. Diese Harmonie bleibt für Sie in den eigenen Beziehungen ein zentrales Anliegen, auch wenn das bedeuten kann, dass Sie immer wieder im Leben einige Opfer in Bezug auf Ihre Bedürfnisse und Gefühle bringen müssen. Diese Erfahrung Ihrer Eltern als einer einheitlichen Front ist ein zwiespältiges psychologisches Erbe. Es handelt sich um die Vision einer stabilen und verlässlichen Beziehung, in der um jeden Preis Frieden herrscht. Einen Zustand von Ausgeglichenheit und Zufriedenheit zu erreichen, fällt Ihnen leichter als vielen anderen, weil Sie innerlich so fest davon überzeugt sind, dass dies möglich ist. Aber Sie sollten auch in Betracht ziehen, welchen Preis beide Elternteile für die äußere Stabilität während Ihrer Kindheit bezahlen mussten. Es ist möglich, dass Sie in verschiedenen Phasen Ihres Lebens für die Erreichung Ihrer Ziele werden kämpfen müssen, und ein gewisses Maß an Konflikt wird notwendig sein, damit Sie sich überhaupt weiterentwickeln können. Aber Sie neigen dazu, genau wie Ihre Eltern, Konflikten aus dem Weg zu gehen in der Hoffnung, dadurch den Frieden bewahren und alles ausgewogen und ruhig halten zu können. Ihr inneres Wesen besitzt Stärke und Gelassenheit, und Sie sind fest entschlossen, im Leben Zufriedenheit zu finden. Von Ihrer Einstellung her sind Sie nicht auf Auseinandersetzungen aus. Sie sind zutiefst überzeugt, dass Sie ein Recht auf Glück und Zufriedenheit haben. Achten Sie darauf, dass Sie dafür keinen zu hohen Preis bezahlen, denn es wird Zeiten geben, in denen Sie sich mit den Problemen des Lebens, mit den Problemen anderer Menschen und mit Ihren eigenen Problemen ehrlich auseinandersetzen müssen. Dann müssen Sie mehr Entschiedenheit und Kampfeslust zeigen als Ihnen vielleicht lieb ist, um eben die Harmonie zu erreichen, die Ihnen so sehr am Herzen liegt.

IV. Beziehungsmuster:

1. Die Faszination des Supermanns:

Sie bewundern starke, selbständige Menschen, und es ist anzunehmen, dass Sie sich in einer Beziehung mit einem Mann dieser Art befinden. Das kann eine gute Ergänzung für Sie sein, weil Ihre Gaben subtiler sind und eher im Bereich der Gefühle liegen; Sie können einem Partner großes Einfühlungsvermögen und viel Loyalität entgegenbringen und gleichzeitig von seiner Selbständigkeit profitieren. Aber Sie müssen gegen eine bestimmte Tendenz ankämpfen, die Sie leider haben: Sie neigen dazu, Ihren Partner für Ihr eigenes Selbstwertgefühl verantwortlich zu machen, als seien Sie an und für sich wertlos – es sei denn, Sie lieben einen anderen Menschen und werden von ihm geliebt. Im Grunde bedeutet das, dass Sie vor der Herausforderung Ihrer eigenen Individualität weglaufen, und es ist gar nicht so altruistisch, wie Sie glauben; wenn Sie dies im Übermaß tun, dann wird aus Ihrem Helden vielleicht sehr schnell ein gefühlloser Klotz, der Sie dominiert und zurückweist. Es sieht vielleicht so aus, als liege der Grund einer solchen Transformation in dem fürchterlichen Charakter dieses Mannes, den Sie vielleicht anfangs übersehen haben. Aber in Wirklichkeit liegt es genauso sehr daran, dass Sie Ihre Selbstverleugnung zu sehr betonen und sich weigern, sich selbst die Liebe und Wertschätzung zu geben, die letztlich nur von innen kommen kann. Wenn der Anschein entsteht, dass Ihr Partner Sie kontrolliert, dann ist das vielleicht deswegen so, weil Sie ihm die Macht, dies zu tun, zugestanden haben, obwohl er Sie gar nicht darum gebeten hat. Und Sie tun dies nicht, weil Sie eine schwache und hilflose Persönlichkeit sind. Sie tun es, weil Sie sich an eine Bild von sich selbst klammern, an ein Bild von einem unmöglich liebevollen und aufopferungsbereiten Menschen, und weil Sie es nicht ertragen können, für egoistisch gehalten zu werden.

2. Manipulieren durch Schwäche:

Wie sehr Sie Ihren Partner auch lieben, Sie müssen sich mit Ihrer Schattenseite auseinandersetzen, denn diese Schattenseite bringt Sie dazu, Schuldgefühle und Manipulation einzusetzen, um Liebe zu bekommen, statt sie einfach zu verlangen. Sie können eine reiche und erfüllende Beziehung mit einem Mann haben, der Ihnen helfen kann, das Geheimnis der Selbständigkeit und des Selbstwertgefühls zu begreifen. Aber wenn Sie anfangen, sich als sein Opfer zu fühlen, dann müssen Sie zu verstehen versuchen, dass Sie sich selbst in diese Rolle hineinmanövrieren. Sie lieben tief und komplizierte Menschen, und Sie können introvertierten und verschlossenen Naturen viel geben. Aber zuerst müssen Sie lernen, ehrlich zu sein, und zwar mit Ihrem Partner und mit sich selbst. Statt dass Sie sich ärgern, wenn Ihr Mann nein sagt, auch wenn Sie Ihr Bestes getan haben, um ihn versteckt zu manipulieren, sollten Sie von ihm lernen, selbst nein zu sagen. Oder noch besser, Sie sollten die Angelegenheit selbst erledigen, statt ihn zu bitten, es zu tun. Sie werden sich wundern, wie viel Spaß es macht, zur Abwechslung mal Ihr eigener Herr – oder besser gesagt Ihre eigene Frau – zu sein.

3. <u>Die Reize dessen, den man nicht besitzen kann:</u>

Weil Sie den Menschen, die Sie lieben, so viel Gefühl und praktische Fürsorge entgegenbringen, fühlen Sie sich auch gerade zum Gegenteil hingezogen, zu einem Menschen, der das, was Sie am schwierigsten finden, mühelos zum Ausdruck bringt: Unabhängigkeit, Distanz und Unberechenbarkeit. Kurz – Sie verlieben sich leicht in einen Mann, den Sie nie ganz besitzen können, obwohl Sie sich sicherlich die größte Mühe geben werden, ihn an sich zu binden. Die begabten, spontanen und schwer greifbaren Männer, die Sie so stark anziehen, sind in der Tat gute Partner für Sie; Sie können einem solchen Gefährten Stabilität und Wärme geben; er seinerseits kann Aufregung und neue Ideen in Ihr Leben bringen. Aber Sie müssen sich bemühen, Ihrem Partner genügend Raum zu lassen und Ihre eigenen Interessen weiterzuentwickeln, damit Sie nicht versuchen, durch ihn zu leben. Ihre Tendenz, Ihren Mann für Ihr Glück und für den Sinn Ihres Lebens verantwortlich zu machen, kann sich als zu große Belastung herausstellen, und Ihre Opfer können eine zu große Verpflichtung werden, dass Sie Ihren Partner damit möglicherweise vertreiben. Versuchen Sie zu sehen, dass Sie die Art von Mann, die Sie so faszinierend finden, nicht durch Selbstaufopferung binden können. Sie müssen ihm auf seinem eigenen Territorium begegnen und selbst individualistisch sein; vielleicht können Sie auch lernen, ein bisschen unberechenbar zu werden. Dieser Typ Mann möchte gerne, dass die Liebe mit einer gewissen Herausforderung gewürzt ist, und Sie sind keinerlei Herausforderung, wenn Sie außer Ihrer Liebe zu ihm keine Identität haben.

V. Wachstum und Integration:

1. Die Suche nach dem Sinn des Lebens:

Sie werden innerhalb der engen Grenzen des alltäglichen Lebens nie wirkliche Befriedigung finden. Sie haben etwas in sich, das weite Reisen unternehmen möchte, im konkreten und im symbolischen Sinn, etwas, das Erfahrungen und Wissen sammeln will und schließlich ein möglichst umfassendes und tiefes philosophisches Verständnis des Lebens gewinnen möchte. Leben ist für Sie letztlich nur sinnvoll und befriedigend als Suche und Abenteuer. Gleichgültig, wie erfolgreich Sie in materieller Hinsicht sind und wie glücklich Ihr Privatleben ist, Sie werden Ihre ruhelose Suche nach einem Sinn nie aufgeben. Sie sind vielleicht nicht im konventionellen Sinn, aber im tiefsten Sinne religiös. Das lateinische religio bedeutet Wieder-Verbindung, und genau das ist es, was Sie tun müssen – Sie müssen eine erneute Verbindung mit dem Gefühl aufnehmen, dass hinter dem Leben eine intelligente und wohltätige Kraft steht, gleichgültig, wie Sie diese Kraft nennen oder sich vorstellen. Welchen Beruf Sie auch wählen, Sie brauchen das Gefühl, dass Sie einem höheren Zweck dienen und dass Sie den Geist des Glaubens und der Aufklärung in Ihren kleinen Winkel der Welt bringen. Sie könnten sich in allen Arbeitsgebieten wohlfühlen, die mit Fortbewegung und Weiterentwicklung zu tun haben, sei es im Bereich des Geistes, der Seele oder auch ganz im Konkreten. Es wird Ihnen jedoch nicht leichtfallen, Ihren Verstand und Ihre visionäre Kraft der umfassenderen Welt der Ideen zu öffnen, weil Sie dazu neigen, Ihre Energien hauptsächlich auf Ihre Gefühle zu konzentrieren und auf die einzelnen Menschen, die Ihnen persönlich sehr wichtig sind. Und doch ist etwas in Ihnen, das über die persönlichen Grenzen hinausgehen möchte, um die

Beziehungen, die Ihnen so wichtig sind, besser zu verstehen und besser damit umgehen zu können. An dem hohen Wert, den Sie Liebe und Mitgefühl zuordnen, ist etwas ziemlich Mystisches. Vielleicht sollten Sie wirklich sehen, was dahintersteckt – denn Sie entdecken dann vielleicht spirituelle Werte, die schon immer da waren. Je größer die Leinwand ist, auf der Sie Ihre großartige Vision des Lebens darstellen können, desto besser sind Sie dran. Der größte Fehler, den Sie machen könnten, wäre nicht ein gelegentliches Scheitern, sondern zu niedrige Ziele und eine zu engstirnige Sichtweise, die Ihren fragenden und forschenden Verstand und Geist erdrücken würden.

2. Dem Chaos der inneren Welt gegenübertreten:

Es gibt einen Lebensbereich, in dem jeder Versuch, Ihre Ängste besser zu verstehen, dazu führen wird, dass Ihr Selbstvertrauen und Ihre Selbstachtung sehr zunehmen. Sie neigen dazu, zwischen Ihrem rationalen Bewusstsein und dem Chaos Ihrer eigenen Tiefen sehr klare Grenzen zu ziehen, denn Sie haben Angst vor dem Meer des kollektiven Unbewussten, das Sie umgibt und das Sie mit der Auflösung Ihrer eigenen Individualität bedroht. Es sind nicht nur Ihre persönlichen Gefühle, vor denen Sie weglaufen, es ist die tiefere Ebene des Leidens, der Dunkelheit und des Verlangens, was Sie ängstigt, und Ihre eigenen Gefühle sind die Pforte dorthin. Und doch fasziniert Sie dieses ozeanische Reich, und es sendet Ihnen unüberhörbare Signale – in Form von Phobien, Ängsten, Zwängen, psychosomatischen Symptomen und anderen Symbolen eines autonomen lebendigen Etwas, das seine eigene Logik besitzt und über das Sie keine Kontrolle haben. Sie müssen sich mit der Herausforderung des Unbewussten auseinandersetzen und seine Tiefen erforschen, indem Sie an Ihren Gefühlen, Ihrer Familienvergangenheit und Ihren Träumen arbeiten. Wenn Sie sich mit dem schwierigen Problem der unsichtbaren und irrationalen inneren Welt konfrontieren, werden Sie zuerst einmal lernen, wie man darin schwimmen kann, und dann, wie man damit umgeht. Und ein guter Schwimmer hat keine Angst vor dem Ertrinken, auch wenn das Wasser noch so tief ist. So kann eine Ihrer größten Ängste – die Angst zurückgewiesen, verletzt und erniedrigt zu werden – eine unzerstörbare Grundlage werden, auf der Sie eine einmalige und dauerhafte persönliche Philosophie entwickeln können. Denn indem Sie sich mit Ihren Hemmungen und Ängsten auseinandersetzen und sie erforschen, werden Sie nicht nur über sich selbst sehr viel lernen, sondern auch über die Menschen im Allgemeinen und über die Ursachen Ihres Verhaltens. Jeder Versuch, Ihre eigenen Wunden zu heilen, wird Ihnen letztlich Einblicke in die Natur des menschlichen Geistes vermitteln, und dies wird das Leben der Menschen um sie herum und auch Ihr eigenes Leben vertiefen und bereichern.

Printed by Books on Demand GmbH, Norderstedt / Germany